Auf einen Blick

Rechtschreibung und Zeichensetzung

DEUTSCH

Topaktuell entspricht den geltenden **Rechtschreibregeln**

Die 10 wichtigsten Rechtschreib- und Zeichensetzungsregeln

Problem:	Der *Top-Tipp*, der Abhilfe schafft:	Beispiele:
1 **Dass es das gibt!** *Wann schreibe ich* ***das*** *und wann schreibe ich* ***dass****?*	*Das* kann man immer durch *dieses, jenes* oder *welches* ersetzen. Ansonsten schreiben wir *dass*.	**Das** ist nicht richtig. (→ dieses, jenes) **Das** Wetter wird gut. (→ dieses, jenes) Ich will **das** nicht. (→ dieses, jenes) Das Pferd, **das** auf der Weide steht, gehört mir. (→ welches) Ich weiß, **dass** es schon spät ist. (Hier kann *dass* nicht ersetzt werden.)
2 **Erkläre mir heute die Säure!** *Woran erkenne ich, ob ich* ***e*** *oder* ***ä****, ob ich* ***eu*** *oder* ***äu*** *schreiben muss?*	Wörter mit *ä* oder *äu* kann man meistens von Wörtern mit *a* oder *au* herleiten. Wörter mit *e* oder *eu* lassen sich nicht ableiten.	R**äu**ber, gl**äu**big, F**äu**le, l**äu**ten } hat mit { R**au**b, gl**au**ben, f**au**l, l**au**t } zu tun, also **äu**.
	Merkwörter mit *e* und *eu*: Schmerz, schlecht (aber: der Schlächter), Recht (aber: er rächt sich), Freude, Beule, heute (aber: Tierhäute), Meute, Seuche, Leute (aber: es läutet)	St**ä**ngel, K**ä**lte, W**ä**lder, **ä**ndern, kl**ä**ren } hat mit { St**a**nge, k**a**lt, W**a**ld, **a**nders, kl**a**r } zu tun, also **ä**.
3 **Hund, wie wohlig wollig ist doch dein Fell!** *Wie muss ich nach langen oder kurzen Vokalen schreiben? Wie halte ich beide auseinander?*	Nach einem langen Vokal folgt sehr oft ein ***Dehnungs-h***, nach langem *i* ein ***e***, manchmal gibt es ***aa***, ***ee***, ***oo***. Lange Vokale entdeckt man, indem man sie übertrieben lang ausspricht: *Stuhhhl, Booooot, lieeeb.*	Mit *h*: Wo**h**nung, la**h**m, i**h**nen, rü**h**men Mit *ie*: Bi**e**ne, Schi**e**ne, gi**e**rig, vi**e**l, li**e**b Doppelvokale: **Aa**l, S**aa**l, **Aa**chen, B**oo**t, M**oo**s, M**oo**r, Z**oo**, B**ee**t, Kl**ee**, Id**ee**, Kaff**ee**, T**ee**
	Nach kurzem Vokal schreibt man oft Doppelkonsonanten.	to**ll**, schwi**rr**en, Hu**mm**el, kö**nn**en, e**ss**bar, schli**mm**, zusa**mm**en
4 **Wie hältst du es mit der Schifffahrt?** *Manchmal folgen so viele Konsonanten aufeinander. Wie behalte ich da die Übersicht?*	Nach kurzem Vokal treffen häufig mehrere Konsonanten aufeinander. Davon darf man leider keinen weglassen. Überdeutliche Aussprache und Ableiten helfen. Drei gleiche Konsonanten oder Vokale dürfen mit Bindestrich geschrieben werden.	Rechnu**ngsst**elle, deme**ntspr**echend, Re**chts**anwalt, sel**bstst**ändig Pa**ppp**lakat → Pa**pp-P**lakat, Sto**fff**etzen → Sto**ff-F**etzen, T**eee**i → T**ee-E**i, Kaff**eee**rsatz → Kaff**ee-E**rsatz
5 **Fürs Fernsehen fertig verfilmt.** *Wie kann ich unterscheiden, ob man ein Wort mit* ***fer-*** *oder mit* ***ver-*** *schreibt?*	Wenige deutsche Wörter beginnen mit ***fer***: *Ferse, fertig, Ferien, Ferge, Ferkel* und *fern*. Alle anderen, deren erste Silbe so klingt, beginnen mit ***ver***.	**fer**tigen, **Fer**tiggericht, un**fer**tig, abge**fer**tigt, **Fer**tigkeit, **Fer**nsehen, **Ver**trag, **ver**kaufen, **ver**einbaren
6 **Hoffentlich unendlich entschlossen!** *Wann muss ich ein Wort mit end- oder mit ent- schreiben?*	Alle Wörter, die wir von *Ende* ableiten, schreiben wir mit *d*. Die Silbe ***end*** ist immer betont. In allen anderen Fällen schreibt man ***ent***.	**End**spurt, be**end**igen, ver**end**et, **end**los, un**ent**wegt, **Ent**schuldigung, **ent**scheiden, **ent**gegen, **ent**wässern, wes**ent**lich, wiss**ent**lich, verseh**ent**lich, un**ent**geltlich
7 **Das Nörgeln der Alten ist zum Heulen!** *Ich weiß nicht, wann man Verben, Adjektive und andere Wörter großschreiben muss.*	Verben und andere Wörter, denen ein Artikel, ein Pronomen oder eine Präposition + Artikel zugeordnet wird, schreibt man groß. Auch nach unbestimmten Mengenwörtern (*alles, wenig, viel …*) schreibt man deklinierte Adjektive groß.	das **L**esen, ein **S**eufzen, dein ewiges **M**eckern, beim (= bei dem) **S**chreiben, zum (= zu dem) **E**inschlafen, der **N**ächste, das **B**laue vom **H**immel, das **F**ür und **W**ider, eine **F**ünf, das **N**ichts, ein lautes **N**ein, alles **G**ute, nichts **N**eues, viel **S**chönes
8 **Gruß und Kuss, dein Julius!** *Wie gehe ich mit den* ***s****-Lauten um?*	***ß*** gibt es nur nach langem Vokal, ***ss*** nur nach kurzem Vokal. Einfaches ***s*** lässt sich häufig herausfinden, indem man richtig ableitet.	Ru**ß**, rei**ß**en, gro**ß**, wei**ß**, er a**ß**, Spa**ß** Fa**ss**, Bi**ss**, Flu**ss**, Wa**ss**er, Verdru**ss** le**s**en → lie**s**!, bla**s**en → Bla**s**musik, krei**s**en → Krei**s**
9 **Ein Klecks aus Wachs im Nullkommanix!** *In vielen Wörtern klingt es wie* ***x****. Aber wie muss ich diesen Laut schreiben?*	Wörter, die den x-Laut enthalten, können mit ***cks***, ***chs***, ***ks***, ***gs*** oder ***x*** geschrieben werden. In einigen Fällen kann man ableiten. Oft aber hilft nur ein gutes Wörterbuch. Leider!	cks: Kna**cks**, kni**cks**en, Hä**cks**el chs: A**chs**e, Bü**chs**e, wa**chs**en, La**chs** ks: Ke**ks**, Ko**ks**, Mur**ks**, lin**ks** gs: halbwe**gs**, unterwe**gs**, rückli**ngs** x: E**x**perte, He**x**e, Le**x**ikon, Pra**x**is
10 **Hilfe, die Kommas rauben mir den Verstand!** *Wann muss ich ein Komma setzen, wann nicht?*	Nur nicht verzweifeln. Es gibt ganze neun Kommaregeln, die beachtet werden müssen. So vermeiden Sie Fehler: – Setzen Sie bei *um/ohne/(an)statt/außer/als …* zu immer ein Komma. – Setzen Sie ein Komma nur, wenn Sie es begründen können. – Vermeiden Sie Missverständnisse, indem Sie durch Kommas für klare Verhältnisse sorgen: ***Er,*** *nicht sie hat gelogen.* ***Er nicht,*** *sie hat gelogen.*	– Aufzählung: *Ich kam**,** sah und siegte.* – Hauptsätze: *Es regnete**,** die Straße war leer**,** die Welt sah trübe aus.* – Haupt- und Nebensatz: *Wir schrien**,** weil wir Angst hatten, laut auf.* – Apposition: *Unser Haus**,** ein altes Gebäude**,** wird jetzt saniert.* – Wortgruppen mit „zu“: *Ich warte auf Susanne**,** um mit ihr zu sprechen. Ich denke* ***daran****, sie zum Essen einzuladen.* – Wörtliche Rede: *„Bitte glaube mir“**,** sagte sie. „Manchmal“**,** fügte er hinzu**,** „ gehst du mir auf die Nerven.“* – Anreden und Ausrufe: *Lass das**,** Peter! Ach**,** wie schön!* – Datums- und Ortsangaben: *Es ist Montag**,** 12. Mai**,** 7 Uhr. Wir sind nach Bonn**,** Rheinufer 14(,) umgezogen.* – Konjunktionen ***aber***, ***sondern*** etc.: *Er ist arm**,*** ***aber*** *glücklich.*

-, f-, ph-Laute

, **f, ph** klingen in der gesprochenen Sprache wie *f*, üssen aber bei der Schreibung unterschieden werden:

orsilben ***ver-*** und ***vor-***:	*Vortrag, vorsprechen, unvoreingenommen, Verkauf, verschwinden, unverhofft*
Vortbausteine ***fern***, ***ertig, Ferien*** (Das sind die einzigen mit *fer-*!)	*Fernsehen, entfernen, fertig machen, Fertiggericht, Ferienbeginn*
h in Fremdwörtern	*Alphabet, Asphalt, Philosoph, Phosphor, Strophe*
Bei ***fot-, fon-, graf-*** kann man zwischen ***f*** und ***ph*** wählen:	*Fotograf, Photograph* *Grafik, Graphik* *Saxofon, Saxophon*

Telefon schreibt man aber nur noch mit *f*.

b oder *p*, *d* oder *t*, *g* oder *k*?

Verlängern Sie das Wort, und Sie hören, wie der Schlusskonsonant geschrieben werden muss.

Das Wort *Dieb* hört sich an, als würde es am Ende mit *p* geschrieben, aber sobald man die Mehrzahl bildet *(Diebe)* oder eine andere Verlängerung findet, klärt sich der Fall: Man hört ein *b*, schreibt also auch *b*.

Wortverlängerung bei *b* oder *p*

*Hie**b***	→	*Hie**be***	*Cam**p***	→	*Cam**ping***
*Kal**b***	→	*Käl**ber***	*Ti**pp***	→	*ti**ppen***
*Rau**b***	→	*rau**ben***	*Skal**p***	→	*skal**pieren***

Nicht alle Wörter kann man verlängern. Hier einige Merkwörter mit *b*: *Er**b**se, Kre**b**s, O**b**st, Her**b**st, A**b**t*
Merkwörter mit *p*: *Gi**p**s, Hau**p**t, kni**p**sen, Kla**p**s*

Wortverlängerung bei *d* oder *t*

*Gel**d***	→	*Gel**der***	*Entgel**t***	→	*entgel**ten***
*Ra**d***	→	*Rä**der***	*Ra**t***	→	*Rä**te**, ra**ten***
*To**d***	→	*des To**des***	*to**t***	→	*tö**ten***

Wörter mit ***end-*** oder ***ent-***:

- Mit *Ende* verwandt, also mit *d* zu schreiben sind *endlich, endlos, endgültig, unendlich, Endzeit …* Der Wortanteil *end-* ist immer betont.
- Die Silbe *ent-* bedeutet, dass sich etwas von anderem trennt oder löst: *entfernen, entführen, entlang, entgleisen, Entzug, Entsetzen, Entschluss …*

Wörter mit ***tod-*** oder ***tot-***:

- Der Zusatz *tod-* bei einem Wort bedeutet meistens eine Steigerung oder Intensivierung der Bedeutung: Wenn jemand sich ***tod**elend* fühlt, geht es ihm äußerst schlecht. Weitere Beispiele: *todernst, todkrank, todschick, todmüde, todtraurig, todunglücklich, Todsünde, tödlich …*
- Der Wortanteil *tot-* ist meist wörtlich gemeint: ***tot**fahren* bedeutet, dass jemand überfahren wird und dann tot ist. Sich ***tot**lachen* bedeutet lachen, bis man tot ist. Weitere Beispiele: *Totgeburt, Totschlag, totschießen, totschlagen, tottreten …*

Wörter mit ***stadt-*** oder ***statt-***:

- Wörter, die mit **die Stadt** verwandt sind, werden mit *dt* geschrieben: *die Vorstadt, die Stadtverwaltung, städtisch, stadteinwärts …*
- Wörter mit dem Wort(stamm) ***statt*** haben etwas mit *Platz, Stelle* zu tun, aber nicht mit einer ganzen Stadt: *Statt/Anstatt des Essens gab es nur einen Imbiss. Er kehrte an die alte Stätte zurück.* Weitere Beispiele: *stattdessen, stattlich, an Eides statt, stattfinden, stattgeben, Statthalter, Werkstatt …*

Wortverlängerung bei *g* oder *k*

*Bal**g***	→ *Bäl**ge***	*Wer**k***	→ *wer**ken***
*Tei**g***	→ *tei**gig***	*Vol**k***	→ *Völ**ker***
*Zwei**g***	→ *Zwei**ge***	*Ausschan**k***	→ *schen**ken***
*Köni**g***	→ *Köni**ge***	*Mimi**k***	→ *Mimi**ken***

Gesprochen wie *x: chs, cks, gs, ks oder x*?

Der x-Laut kann auf fünf verschiedene Weisen geschrieben werden.

Tipp: Merken Sie sich Beispielwörter und versuchen Sie zusätzlich die Wörter von anderen Wörtern abzuleiten (Stammprinzip!), z. B.:

x-Laut	Beispiel	abgeleitet von
cks	*glucksen, Häcksel, Klecks, Knacks, knicksen, Mucks,*	*Glucke, hacken, kleckern, knacken, knicken, mucken,*
gs	*flugs, unterwegs, anfangs, rings,*	*Flug, Weg, Anfang, Ring,*
ks	*Koks,*	*verkoken*
	Keks, Murks, schlaksig	(keine Ableitung möglich)

Wörter mit *chs* und mit *x* lassen sich nicht ableiten.

Deshalb hier eine Liste häufig gebrauchter Wörter:

- ***chs:*** *Achse, Buchse, Büchse, Dachs, Deichsel, drechseln, Echse, Fuchs, Flachs, Luchs, Ochse, Sachse, sechs, Wachs, wachsen, wechseln, Wuchs*
- ***x:*** *Axt, Exemplar (und viele weitere Wörter mit Ex-/ex-), Fax, feixen, Hexe, Jux, kraxeln, Lexikon, mixen, Nixe, Praxis, Sex, Taxi, Text, verflixt*

Die Silbentrennung

Die meisten deutschen Wörter bestehen aus mehreren Silben, die man daran erkennt, dass sich bei langsamem Sprechen zwischen den einzelnen Silben winzige Sprechpausen ergeben: *Fern-seh-ap-pa-rat, ein-schal-ten, Ab-ma-chung.* Diese Wortbausteine nennt man **Sprechsilben.** Nach ihnen richtet man sich, wenn man Wörter am Ende der Zeile trennt. Die Grundregel lautet also: **Wörter trennt man nach den Sprechsilben.** Die abgetrennten Silben beginnen meist mit einem Konsonanten (Mitlaut), aber wenn keiner da ist, geht's auch ohne. Also: *lau-fen, win-zig, Bü-cher, Stif-tung; dau-ern, Ei-er*

Ein paar Besonderheiten müssen beachtet werden:

- **Zusammengesetzte Wörter** trennen wir am besten an der Wortfuge, wo sie auch zusammengefügt wurden: *Wahl-urne, Wand-farbe, abgas-arm*
- Bei **mehreren Konsonanten** kommt nur der letzte auf die nächste Zeile: *Nar-be, fan-gen, einlog-gen, schimp-fen, knusp-rig, sechs-tel*
- **Besondere Konsonantenfolgen,** die als ein einziger Laut gesprochen werden, trennt man nicht: *ch, ck, sch, ph, sh, th.* Also z.B.: *Wa-che, We-cker, pfu-schen, As-phalt, Su-shi, Hypo-thek*
- **Einzelne Buchstaben** am Beginn oder Ende eines Wortes werden nicht abgetrennt. Also nur: *aber, Elend, Igel, Laie, Trio.* **Aber:** *Lai-en, Tri-os*
- Die Wahl hat man bei **Fremdwörtern**, bei denen auf einen **Konsonanten *l, n* oder *r*** folgt: *nob-le/no-ble, Arth-rose/Ar-throse, Mag-net/Ma-gnet*
- Bei **anderen Fremdwörtern**, deren Bestandteile wir nicht mehr so genau auseinanderhalten können, gibt es mehrere Trennungsmöglichkeiten:

Päd-ago-gik	*Pä-da-go-gik*
in-ter-es-sant	*in-te-res-sant*
Hekt-ar	*Hek-tar*

- Zwei Möglichkeiten bestehen auch bei diesen und ähnlichen Wörtern:

dar-auf	*da-rauf*
her-ein	*he-rein*
hin-ab	*hi-nab*
war-um	*wa-rum*

Die Zeichensetzung

Die Satzschlusszeichen

Der **Punkt** steht nach Aussagesätzen und höflichen Aufforderungen:
Heute Abend gehen wir ins Kino. Setzen Sie sich bitte.

Das **Ausrufezeichen** steht nach Befehls-, Ausrufe- und Wunschsätzen: *Geh mir aus den Augen!*
Ist das schön! Wenn es doch aufhörte, zu regnen!

Das **Fragezeichen** steht nach direkten Fragen und fragend gemeinten Aussagesätzen:
Warum weinst du? Ist es schon so spät? Das stimmt doch, oder? Dir soll ich helfen?

Das gilt auch für **Kurzsätze**: *Aha. Vielleicht. Warte! Mach doch! Was? Wirklich?*

Achtung: Eine Überschrift schließt man nicht mit einem Punkt ab:
Polizei verhaftet Serientäter

Ausrufe- und Fragezeichen kann man verwenden:
Seuche endlich besiegt?
Schluss mit Steuern!

Der **Punkt** steht außerdem nach **Ordnungszahlen**:
die 3. Auflage, Karl V., am 7. Mai

Achtung: Endet ein Satz mit einer Ordnungszahl, wird nur ein Punkt gesetzt:
Dieser Ring stammt von Elisabeth II.

Außerdem taucht der Punkt bei vielen **Abkürzungen** auf. Hier die häufigsten:
betr. *– betreffend,* ***b. w.*** *– bitte wenden,* ***bzw.*** *– beziehungsweise,* ***etc.*** *– et cetera (und so weiter),* ***e. V.*** *– eingetragener Verein, evtl. – eventuell,* ***i. A.*** *– im Auftrag,* ***i. V.*** *– in Vertretung,* ***Nr.*** *– Nummer,* ***o. g.*** *– oben genannt,* ***u. a.*** *– unter anderem, und anderes,* ***u. Ä.*** *– und Ähnliches,* ***u. v. m.*** *– und vieles mehr,* ***v. a.*** *– vor allem,* ***u. A. w. g.*** *– um Antwort wird gebeten,* ***z. B.*** *– zum Beispiel,* ***z. K.*** *– zur Kenntnis,* ***zz. / zzt.*** *– zurzeit,* ***zzgl.*** *– zuzüglich*

Tipp: Wenn eine Abkürzung für mehrere Wörter steht, steht der Punkt meist nicht nur am Ende der Abkürzung, sondern auch zwischen den einzelnen Buchstaben.

Ausnahmen: ***usw.*** *– und so weiter,* ***PS*** *Postskriptum* (Zusatz am Ende eines Briefes)

Abkürzungen für Gesetze und Gerichte werden aber immer ohne Punkt geschrieben:
BGB *– Bürgerliches Gesetzbuch;* ***BverfG*** *– Bundesverfassungsgericht,* ***GG*** *– Grundgesetz,* ***SGB*** *– Sozialgesetzbuch*

Das Komma

Tipp: Setzen Sie ein Komma nur dann, wenn Sie es auch begründen können.

Hier die wichtigsten Kommaregeln:

Aufzählung

Mehrere gleichartige Satzteile und Nebensätze werden durch Kommas voneinander getrennt.

Weizen, Roggen, Gerste sind Getreidesorten. Groß, rund, dick sind Adjektive. Wir wollen singen, tanzen, feiern. Obwohl er schon müde war, obwohl er eigentlich nicht mehr konnte, wollte er es zu Ende bringen.

Achtung: Nicht immer sind mehrere Adjektive vor einem Substantiv gleichrangig.
Im Hafen lag ein großer britischer Frachter.
Es gibt eine wichtige medizinische Neuerung.

Hier hat das dem Substantiv jeweils am nächsten stehende Adjektiv *(britischer, medizinische)* eine engere Bindung zu ihm als das weiter entfernte *(großer, wichtige)*; sie sind also nicht gleichrangig → kein Komma.

Einzelne Glieder der Aufzählung können durch *und* oder *oder* verbunden werden. Dann entfällt das Komma.

*Weizen, Roggen **und** Gerste sind Getreidesorten. Groß, rund **und** dick sind Adjektive. Wir wollen singen, tanzen, feiern. Obwohl er schon müde war **und** obwohl er eigentlich nicht mehr konnte, wollte er es zu Ende bringen. Als Wolken aufkamen, als es anfing zu regnen **und** als schließlich das Unwetter losbrach, packte uns die Angst.*

Weitere Konjunktionen, die das Komma ersetzen:

beziehungsweise (bzw.)	*wie, sowie*
entweder … oder	*nicht … noch*
sowohl … wie	*weder … noch*

Bei Hauptsätzen darf man jedoch ein Komma setzen:
Ich liebte Iris (,) und sie liebte mich. Weder wartete er auf sie (,) noch rief er sie an.

Gegensätze

Wird ein Gegensatz ausgedrückt, steht immer ein Komma.

*Wir wandern bei gutem Wetter, **nicht** im Regen. Er war groß und stark, **aber** er war nicht klug. Dies ist eine Schule, **kein** Kindergarten. Ich sagte nicht, dass ich Lust habe, **sondern** dass ich Zeit habe.*

Weitere Konjunktionen, die ein Komma erfordern:

…, vielmehr	*doch, jedoch*
einerseits …, andererseits	*bald …, bald*
nicht nur …, sondern auch	*ob …, ob*
teils …, teils	*halb …, halb*

Apposition

Eine **Apposition** (besondere Form der Beifügung) wird durch Komma abgetrennt bzw. durch Kommas eingeschlossen, wenn der Satz danach fortgeführt wird.

Das ist Gabi Lander, die neue Chefin. Ich kenne Rolf Schmitz, deinen neuen Bekannten, schon ewig.

Wird der Name erst nach einer Berufsbezeichnung genannt, können die Kommas entfallen: *Unsere neue Chefin (,) Gabi Lander (,) ist sehr nett.*

Achtung: Bei mehrteiligen historischen Eigennamen wie *Katharina die Große* steht kein Komma!

Bei **Anreden, Orts- und Datumsangaben** sowie **Ausrufen** stehen Kommas.

Anreden

Das, mein Freund, wird dir nicht viel helfen. Ich bitte dich, Susanne, komm zurück! Hallo, liebe Susanne!
Aber: *Hallo (,) Susanne!*

Achtung: Bei Grußformeln, z. B. am Ende eines Briefes, wird kein Komma gesetzt!
Mit freundlichen Grüßen / Viele Grüße …
Mathilda Meier

Orts- und Datumsangaben

Zu seinem Nachfolger ist Herr Sven Taler, Kochstraße 27, Neustadt (,) ernannt worden. Die Prüfung findet am Montag, dem 10. Juni, 8 Uhr (,) statt.

Ausrufe

Ach, wie schade! Aber ja, wir kommen gerne!
Nein, das glaube ich nicht! Oje, ist das wieder heiß!
Wir haben den Zug verpasst, leider!

Tipp: Bei ***bitte*** steht normalerweise kein Komma: *Gib mir bitte mal das Salz. Bitte hör auf damit.*

Will man seiner Bitte aber mehr Nachdruck verleihen, kann man ein Komma setzen: *Iss jetzt, bitte! Bitte, halt doch mal den Mund!*

Nachgestellte Erläuterungen

Vor nachgestellten Erläuterungen, die mit Wörtern wie *also, besonders, das heißt (d. h.), nämlich, und zwar, vor allem, zum Beispiel (z. B.)* beginnen, setzt man immer ein Komma.

Ich war erst neulich bei Tante Magda, und zwar letzten Freitag.
Ich liebe Rosen, besonders die großblütigen.
Ich wusste es nicht, d. h. ich wollte es eigentlich auch gar nicht wissen.

Haupt- und Nebensätze

Haupt- und Nebensatz werden durch Kommas voneinander getrennt.

Ich glaube, dass es bald regnen wird.
Solange es regnet, bleibt das Spiel unterbrochen.

Wird der Hauptsatz durch den Nebensatz unterbrochen, muss der Nebensatz durch Kommas eingeschlossen werden.
Ich ärgerte mich, nachdem ich die Prüfung verpatzt hatte, noch lange über mich selbst.

Infinitivgruppen muss man mit Komma abgrenzen, wenn eine der folgenden Bedingungen erfüllt ist:

- wenn sie mit *um, ohne, (an)statt, außer, als* eingeleitet sind:
  Wir arbeiten, um zu leben. Um nicht zu fallen, stützte er sich ab. Anstatt sich an die Wahrheit zu halten, log er weiter. Wir rannten, um zu überleben, mitten durch das Feuer.
- wenn sie von einem Substantiv abhängen: *Der Versuch, mich zurückzuhalten, ist zwecklos. Ich habe nicht die Absicht, dich zu verlassen.*
- wenn voraus- oder zurückweisende Wörter wie ***es, daran, davon, damit*** etc. darauf hinweisen: *Es ist verboten, den Rasen zu betreten. Denke daran, mich zu informieren. Doch noch teilnehmen zu dürfen, das freut mich.*

Aber: Bei Infinitiven nur mit *zu* kann das Komma entfallen: *Er plant (,) morgen zu verreisen. Die Absicht (,) zu kündigen (,) solltest du aufgeben.*

Wenn Missverständnisse möglich sind, sollte man aber ein Komma setzen: *Er behauptete nicht, gearbeitet zu haben. Er behauptete, nicht gearbeitet zu haben.*

Partizipialgruppen und andere entsprechende Wortgruppen werden durch Kommas abgegrenzt, wenn sie nachgestellte Erläuterungen sind.

Tipp: Beim Sprechen macht man an den Kommastellen kleine Pausen.

Der Jäger, sichtlich erschöpft, setzte sich auf einen Stein. Der Jäger setzte sich auf einen Stein, sichtlich erschöpft.

Bei formelhaften, also stark verkürzten Nebensätzen können Sie ein Komma setzen oder es weglassen.

Wie bereits gesagt (,) wird die Premiere unseres neuen Theaterstücks verschoben werden müssen.
Wenn nötig (,) schicke ich Ihnen auch die restlichen Unterlagen.
Ein Wort passt nicht zu den anderen. Finde heraus (,) welches (,) und streiche es durch.

Das Semikolon (Strichpunkt)

Ein Semikolon verwendet man, wenn ein Komma eine zu schwache, aber ein Punkt eine zu starke Trennung wäre. Durch Semikolon getrennte Sätze haben einen starken inhaltlichen Zusammenhang. Nach dem Semikolon schreibt man klein weiter: *Man kann nicht alles wissen; man muss nur wissen, wo man nachschlagen kann. Heute ist endlich schönes Wetter; es wird ja auch allmählich Zeit.*

Es bleibt Ihnen überlassen, ob Sie einen Punkt, ein Semikolon oder ein Komma setzen möchten.

Der Doppelpunkt

Nach einem Doppelpunkt sollte man groß weiterschreiben, wenn ein vollständiger Satz folgt, ansonsten darf man klein weiterschreiben. Beispiele:

Wörtliche Rede und Zitate:
Er sagte: „Komm mit."
Die Zeitung titelte: „Wahlkrimi in NRW"

Aufzählungen:
Sie benötigen: Papier, Füller, Lineal, Bleistift.

Tabellarische Angaben:
Name: Weber
Vorname: Norbert
Geburtsort: München

Ankündigungen:
So rührt man den Teig: schnell und gleichmäßig.

Der Gedankenstrich

Es gibt keine festen Regeln für die Verwendung des Gedankenstrichs; er ist meist durch ein Komma, einen Doppelpunkt oder Klammern ersetzbar. Beim Lesen oder Sprechen signalisiert er eine deutliche Pause. Beispiele:

Unerwartetes folgt:	*Dann, plötzlich – ein Knall!*
ein Kommando:	*Laden – entsichern – Feuer!*
ein Gegensatz:	*Alle tanzen – nur du sitzt da.*
ein Satzeinschub:	*Der Chef blickte – und dabei verzog er keine Miene – von einem zu anderen. Er übersah mich – leider! – auch nicht.*
ein plötzlicher Themenwechsel:	*Ich habe jetzt keine Zeit. – Wie siehst du überhaupt aus?*

Der Bindestrich

Ein Bindestrich **kann** verwendet werden, um Wortteile hervorzuheben oder zu verdeutlichen, die man sonst zusammenschreibt.

Alle diese Wörter kann man auch zusammenschreiben:

Hervorhebung:	*Ich-Sucht, Ist-Stärke*
Verdeutlichung:	*Sollbruchstellen-Verursacher*
Vermeidung von Missverständnissen:	*Spiel-Erzeugnis, Spieler-Zeugnis, das Spiel-Ende, der Spielende*
Fügung aus gleichrangigen Adjektiven:	*süß-sauer, schwarz-weiß*
Zusammentreffen von drei gleichen Buchstaben:	*Tee-Ernte, Sauerstoff-Flasche*

Bindestriche **müssen** verwendet werden bei

- eingesparten Wortteilen:
  Vor- und Nachteile, saft- und kraftlos, giftstoff- und lösemittelfrei
- Zusammensetzungen mit einzelnen Buchstaben, Abkürzungen oder Ziffern:
  Dehnungs-h, y-Chromosom, km-Zahl, Dipl.-Ing., 5-jährig, 8-Zylinder, 5-mal, 100-prozentig, 2:1-Sieg, 800-m-Lauf …
- Verbindungen von Einzelbuchstabe + Nachsilbe: *zum x-ten Mal …,* **aber** ohne Bindestrich: *SPDler, 70er(-)Jahre, ein 16tel, 100%ig*
- Verbindungen aus Ziffer + Nachsilbe + Wort: *100stel-Sekunde, SPDler-Treffen …*
- Begriffe, die aus mehreren Wörtern bestehen: *das Sowohl-als-auch, Mund-zu-Mund-Beatmung, zum Aus-der-Haut-Fahren, deutsch-österreichisch …*
- Zusammensetzungen mit mehrteiligen Eigennamen: *Anne-Frank-Straße, Georg-Büchner-Preis …*
  (**Aber:** ohne Bindestrich, wenn nur der Nachname genannt ist: *Adenauerallee, Goethestraße)*

Die Anführungszeichen

Anführungszeichen kommen immer paarweise vor, meistens bei der wörtlichen Rede. Dabei schließt man die wirklich gesprochenen Wörter in Anführungszeichen ein:

Begleitsatz vorne:
Sie sagte: „Ich gehe, und zwar für immer."

Begleitsatz in der Mitte:
„Ich gehe", sagte sie, „und zwar für immer."

Begleitsatz hinten:
„Ich gehe, und zwar für immer", sagte sie.

Wenn Frage- oder Ausrufezeichen mit den Anführungszeichen zusammentreffen, stehen sie **vor** dem Schlusszeichen:

Begleitsatz vorne:
Sie fragte: „Was willst du hier?"
Er brüllte: „Weg hier!"

Begleitsatz hinten:
„Was willst du hier?", fragte er.
„Weg hier!", brüllte er.

Gehören Punkt, Frage- oder Ausrufezeichen zum Begleitsatz, stehen sie **nach** dem Schlusszeichen:
Das Buch auf dem Nachttisch hieß „Die Quelle".
Wer kennt den Roman „Die Akte"?
Lies doch mal „Sag niemals nie!"!

Die Getrennt- und Zusammenschreibung

Bei Verben

Verb + Verb

Verbindungen zweier Verben schreiben Sie am besten immer getrennt, dann machen Sie nichts falsch. Beispiele: *laufen lernen, schreiben üben, spazieren gehen, sitzen bleiben, kennen lernen*

Achtung: Alle Verbindungen mit ***sein*** immer getrennt schreiben: *da sein, groß sein, hier sein, vorbei sein, weg sein, zufrieden sein …*

Verben können mit anderen Wörtern trennbare Zusammensetzungen bilden, die in den Infinitiven und Partizipien zusammengeschrieben werden. In vielen anderen Fällen erfolgt jedoch stets Getrenntschreibung. Die folgenden Regeln sollten Sie beachten.

Adverb + Verb

Ob ein Adverb mit dem nachfolgenden Verb zusammengeschrieben werden muss, kann man an der Betonung feststellen: Wird beim Sprechen das Adverb stärker betont als das Verb, schreibt man zusammen.

abwärts-/rückwärts-/seitwärts-/vorwärtsgehen …, entlangfahren …, herbeieilen …, hineingehen …, zurückkommen …

Werden jedoch beide Wörter etwa gleich stark betont oder wird das Verb sogar stärker betont als das Adverb, schreibt man getrennt, z. B.:

zusammen	***getrennt***
aneinandergeraten	*aneinander denken*
aufeinanderstoßen	*aufeinander achten*
daheimbleiben	*daheim ausruhen*
Er ist nochmals davongekommen.	*Es kann davon kommen, dass …*
dortbleiben	*dort arbeiten*
gegeneinanderprallen	*gegeneinander antreten*
hierbleiben, dableiben	*hier arbeiten, da arbeiten*
nebenherfahren	*nebenher erledigen*
weitergehen	*weiter beobachten*
Ich werde ihn bald wiedersehen.	*Nach der Augenoperation konnte er wieder sehen.*
So etwas kann niemand vorhersagen.	*Das hättest du vorher (= früher) sagen sollen.*
zwei Termine zusammenlegen	*etwas zusammen (= gemeinsam) erledigen*

Adjektiv + Verb

❶ In den meisten Fällen werden Adjektiv und Verb **getrennt** geschrieben, z. B.: *allein erziehen, deutlich machen, eng verbinden, ernst nehmen, falsch schreiben, neu eröffnen, schwer stürzen, stark fallen, weit gehen …*

Tipp: Getrennt schreibt man immer, wenn das Adjektiv bereits ein zusammengesetztes Wort ist, z. B.: *aus|wendig lernen, bewusst|los schlagen, dunkel|blau anmalen, un|genau arbeiten …*

❷ Manchmal ergeben Adjektiv und Verb zusammen aber eine ganz neue Bedeutung in einem übertragenen Sinn; dann muss man **zusammen**schreiben, z. B.: *heiligsprechen, krankschreiben, schiefgehen, schwerfallen …*

Tipp: Wenn sich nicht eindeutig festlegen lässt, ob Adjektiv und Verb zusammen eine übertragene Bedeutung haben, dürfen Sie getrennt oder zusammenschreiben, z. B.: *ähnlichsehen/ähnlich sehen, liebhaben/lieb haben, sich schönmachen/schön machen, wehtun/weh tun, zufriedenstellen/zufrieden stellen …*

❸ Wenn das Adjektiv ein Ergebnis der Tätigkeit darstellt, die das Verb ausdrückt, darf man **getrennt oder zusammen**schreiben, z. B.: *klein schneiden/kleinschneiden …* (z. B. Gemüse schneiden, bis es kleine Stücke sind), *warm machen/warmmachen* (z. B. Essen) …

Weitere Beispiele im Vergleich mit Verweis auf die oben stehenden Regeln:

fest stehen (= auf sicherem Boden) ❶	feststehen (entschieden, sicher sein) ❷
frei sprechen (ohne Vorlage) ❶	freisprechen (von einer Schuld) ❷
gerade biegen/geradebiegen (z. B. ein Rohr) ❸	einen Fehler geradebiegen (berichtigen) ❷
etwas heimlich tun ❶	heimlichtun (= geheimnisvoll tun) ❷
klar sehen (deutlich sehen) ❶	klarsehen (begreifen) ❷
krank machen/krankmachen (z. B. das Rauchen) ❸	krankmachen (vorgeben, krank zu sein) ❷
leer stehen (z. B. ein Haus) ❶	leeressen/leer essen (den Teller) ❸
richtig schreiben ❶	richtigstellen (korrigieren) ❷

Substantiv + Verb

Verbindungen von Substantiv und Verb werden in der Regel **getrennt** geschrieben, z. B.: *Auto fahren, Rad fahren, Kegel schieben, Hof halten, Folge leisten, Gefahr laufen, Radio hören, Tee trinken, Zeitung lesen …*

Es gibt aber die folgenden Ausnahmen: *eislaufen, kopfstehen, nottun, leidtun, standhalten, stattfinden, stattgeben, teilhaben, teilnehmen, wundernehmen*

In einigen Fällen hat man die Wahl zwischen zwei Schreibweisen: *Acht geben/achtgeben, Dank sagen/danksagen, Gewähr leisten/gewährleisten, Halt machen/haltmachen, Maß halten/maßhalten, Staub saugen/staubsaugen, Brust schwimmen/brustschwimmen* (und andere Schwimmstile)

Aber: Großschreibung in der konjugierten Form: *Ich sage **D**ank. Ich sauge **S**taub …*

Merkwörter
Folgende Wörter werden immer mit dem nachfolgenden Verb zusammengeschrieben:
***abhanden**kommen …, **anheim**stellen, **bevor**zugen …, **einher**gehen …, **entzwei**gehen …, **fürlieb**nehmen, **heim**zahlen …, **hintan**stellen …, **inne**haben …, **irre**führen …, **kund**tun …, **preis**geben, **überein**kommen …, **überhand**nehmen, **umhin**können, **vorlieb**nehmen, **wahr**haben …, **weis**machen …, **wett**eifern …, **zugute**halten …, **zurecht**legen …* (**aber**: *zu Recht bestraft werden*), ***zunichte**machen, **zuteil**werden, **zustatten**kommen*

Bei Adjektiven und Partizipien

Ein Adjektiv oder ein Partizip, das wie ein Adjektiv benutzt wird, kann zusammen mit einem anderen Wort die stark verkürzte Form eines Ausdrucks aus mehreren Wörtern sein. Dann schreibt man **zusammen**, z. B.: *herzerfrischend (das Herz erfrischend), freudestrahlend (vor Freude strahlend), sturmerprobt (im Sturm erprobt), gottverlassen (von Gott verlassen), fingerbreit (so breit wie ein Finger), eisfrei (frei von Eis), denkfaul (zu faul zum Denken), hitzebeständig (beständig gegen Hitze), angsterfüllt (von Angst erfüllt) …*

Tipp: Wenn ein Fugen-Element auftaucht, wird immer zusammengeschrieben, z. B.: *gebrauch**s**fertig, ahnung**s**los, handel**s**üblich, werb**e**wirksam, sonne**n**beschienen*

Zusammengeschrieben wird auch in diesen Fällen:
- bei zwei gleichrangigen Adjektiven: *dummdreist, nasskalt, rosarot, taubstumm …*
- wenn das erste Wort die Bedeutung des nachfolgenden Adjektivs oder Partizips verstärkt oder abschwächt: *lauwarm, altbekannt, stocksauer, todkrank, uralt, superschlau, bitterböse, brandneu, strohdumm, frühreif, extrabreit, hellblau, hochbetagt …*

Wenn eine Verbindung aus einem anderen Wort + Verb getrennt geschrieben wird (siehe oben), schreiben Sie am besten auch die Partizipform **getrennt**: *Vertrauen erwecken → Vertrauen erweckend, Rat suchen → Rat suchend, allein erziehen → allein erziehend, brach liegen → brach liegend*

In Zweifelsfällen hilft es, die Betonung des Gesamtausdrucks zu beachten: Ist der erste Teil betont, schreiben Sie am besten zusammen, sind aber beide Teile gleich betont oder liegt die Hauptbetonung auf dem zweiten Teil, schreiben Sie getrennt.

Das Früchtchen ist frühreif.	*Die Äpfel sind in diesem Jahr früh reif.*
Leichtverständliche Regeln sind immer gut.	*Es ist leicht verständlich, dass er so gehandelt hat.*
Ein schwerbeladener LKW bog um die Ecke.	*Der LKW ist schwer beladen.*

Achtung: In der Steigerungsstufe (Komparativ) oder wenn der erste bzw. der zweite Teil erweitert ist, schreibt man **getrennt**:
Diese Erklärung ist schon leichter verständlich. Dieser Patient ist schwerer krank als der andere. Der LKW war zu schwer beladen. Er ist schwer zuckerkrank.

Aber: *Er ist schwerstkrank.* (weil *„schwerst-"* als selbstständiges Wort nicht vorkommt)

Bei Substantiven

Es gibt eine Vielzahl zusammengesetzter Substantive. Man schreibt sie allesamt zusammen.

Substantiv + Subst.	*das Fensterglas, die Haustür*
Eigenname + Subst.	*der Schillerplatz*
Adjektiv + Subst.	*das Freibier, die Blaumeise*
Verb + Subst.	*das Fahrzeug, der Rollmops*
Pronomen + Subst.	*das Wirgefühl, der Icherzähler*
Adverb + Subst.	*die Hinfahrt, der Außendienst*
Zahlwort + Subst.	*das Neunauge, der Vielfahrer*

Dies gilt auch für zusammengesetzte Verben, die als Substantiv benutzt werden: *das Ballwerfen, das Dasein, das Laufenlernen, das Maßhalten*

Dieser Regel folgen auch viele Substantive aus dem Englischen, sofern sie auf dem ersten Wortteil stärker betont werden als auf dem zweiten: *Software, Mountainbike, Homebanking, Stuntman, Swimmingpool* (zum Vergleich: *Electronic Cash, High Fidelity*)

Bei Zahlen

Zahlen unter einer Million werden zusammengeschrieben, z. B.: *eintausendvierhundert, dreihundertzweiunddreißig …*

Million, Milliarde etc. werden aber getrennt geschrieben, z. B.: *vier Millionen fünfhunderttausend …*

Achtung: *der zweimillionste Besucher …*

Häufige Stolpersteine

Konjunktion → Zusammenschreibung:
***Soviel/Soweit** ich weiß, wollte er früh gehen.*

Ebenso: *sobald, sofern, solange, sooft*

Aber: Die Konjunktion *sodass* dürfen Sie auch getrennt schreiben: *so dass.*

Keine Konjunktion → Getrenntschreibung:
*Ich habe **so viel** gebetet und wurde **so oft** enttäuscht. Muss es immer **so weit** kommen? **So was/So etwas** habe ich noch nicht erlebt!*

Immer zusammenschreiben muss man folgende Ausdrücke: *währenddessen, infolgedessen, stattdessen, nichtsdestoweniger, nichtsdestotrotz*

Immer getrennt schreibt man:
- Fügungen mit ***gar***: *gar kein, gar nicht, gar nichts …*
- Folgende Ausdrücke: *zu Ende, zu Fuß, zu Hilfe, zu Lande, zu Wasser, zu Schaden*

Achtung: Hier müssen Sie genau unterscheiden:

zusammen	**getrennt**
diesmal, einmal, nochmals	*dieses Mal, dies eine Mal*
jederzeit, zurzeit (= momentan)	*zu jeder Zeit, zur Zeit Goethes*
irgendjemand, irgendwo, irgendwann …	*irgend so ein, irgend so etwas*

Die Schreibung der Laute

Die wichtigste Regel: das Stammprinzip
Das Stammprinzip besagt: Alle Wörter, die denselben Wortstamm haben und von ihrer Bedeutung her miteinander verwandt sind, werden auch mit verwandten Lauten geschrieben.

Tipp: Merken Sie sich die Schreibung der Wortstämme, denn wenn Sie wissen, wie sich ein Wortstamm schreibt, können Sie die Schreibung aller anderen mit diesem Wort verwandten Wörter ableiten. Beispiele:
reißen → Reißverschluss; bunt → Buntstift; Bund → Verbund, gelten → entgelten, heute → heutzutage, Haut → sich häuten, tippen → Tipp, Nummer → nummerieren

Schreibung der Konsonanten nach kurzem, betontem Vokal – Schärfung

Meist folgen auf einen kurz gesprochenen und betonten Vokal (Selbstlaut) zwei Konsonanten (Mitlaute):

a) zwei verschiedene Konsonanten:
*Ba**nd**, Ka**rt**e, Schu**ld**, ge**lt**en, Sa**mt**, Wi**nk**, wi**rk**lich …*

b) zwei gleiche Konsonanten:
*Bla**tt**, Sti**mm**e, So**mm**er, sta**rr**en, wi**ss**en, unwi**ll**ig …*

Alle verwandten Wörter behalten diese Schreibweisen bei:
*a) anbä**nd**eln, schu**ld**ig, Gesa**mt**schule, Wi**rk**lichkeit …*
*b) Sti**mm**ung, Sta**rr**heit, wi**ss**entlich, Unwi**ll**en …*

Viele kleine Wörter werden nach kurzem Vokal mit nur einem Konsonanten geschrieben:

Präpositionen:	*mit, um, vom, bis, ab, in*
Pronomen:	*das, es, man, was, des*
Fremdwörter:	*top, fit, Jet, Pop, Klub*
Verbformen:	*ich bin, er hat, gib!*

Deutsche Wörter werden nach kurzem, betontem Vokal meist mit **tz** bzw. mit **ck** geschrieben: *Spi**tz**e, Ka**tz**e, we**tz**en, mo**tz**ig, He**ck**e, So**ck**en, ra**ck**ern, dre**ck**ig*

Abweichend davon schreibt man einige Wörter aus fremden Sprachen:

mit ***zz***:	*Ski**zz**e, Pi**zz**a, Ra**zz**ia, Ja**zz**, Interme**zz**o*
mit ***kk***:	*Sa**kk**o, Sta**kk**ato, Mo**kk**a, Tre**kk**ing, A**kk**u*
mit ***k***:	*Fabri**k**, Kautschu**k**, Taba**k**, Arti**k**el*

Tipp: Nach **l, n, r,** das merke ja, steht nie **tz** und nie **ck!**: *Wal**z**e, ran**z**ig, schwar**z**; Nel**k**e, kran**k**, stär**k**en.*

Schreibung der lang gesprochenen, betonten Vokale – Dehnung

Sehr viele Wörter mit langem, betontem Vokal schreibt man mit einem einfachen Konsonanten dahinter: *Rasen, oder, leben, Weg, Tor, rufen, Bibel, schwer, Träne.*

Schwieriger wird es, wenn es um die so genannten **Dehnungszeichen** geht: *Dehnungs-h, Dehnungs-e und Vokalverdopplung* (z. B. *aa*).

Dehnungs-h kommt zwar nach allen Vokalen vor, allerdings nur vor den Konsonanten *l, m, n,* und *r.*

Dehnungs-h vor	Beispiele
l	*hohl, wühlen, Mehl, Mahlzeit,*
m	*lahm, angenehm, Ruhm,*
n	*wohnen, Sehne, Bahn, Bühne,*
r	*Rohr, führen, Fähre, kehren*

Das *Dehnungs-h* nach *i* kommt nur bei den Pronomen *ihn, ihm, ihr, ihnen, ihren, ihre, ihrer* vor.

Vom *Dehnungs-h* muss man das **Silben trennende h** unterscheiden, wie in *ge-hen* und *blü-hen.* Dieses **h** kann man bei den Infinitiven der Verben hören, im Gegensatz zum *Dehnungs-h*. Merken Sie sich am besten die Infinitivform. Wenn dort ein **h** steht, kommt es in allen konjugierten Formen im Präsens vor: *geht, blüht, mäht, steht, näht.*

Schwieriger wird es bei den Verben *verlei-hen, verzei-hen, flie-hen, befeh-len, se-hen* und *zie-hen*: Es kommt zu Formen wie *verzieh, verlieh, flieht, befiehlt, sieht* und *zieht.*

Dehnungs-e kommt nur nach *i*, aber vor allen möglichen Konsonanten vor: *Liebe, er lief, Riemen, gießen, Bier, dienen, viel, gierig, Lied, diese, bieten.*

Andere Wörter mit lang gesprochenem *i*:

Viele Substantive bilden Verben auf *-ieren:*	*Probe → probieren* *Export → exportieren* *Studium → studieren* *Marsch → marschieren*
Eine Reihe von Substantiven endet auf *-ine:*	*Maschine, Gardine, Apfelsine, Kantine, Rosine, Margarine …*
Viele Wörter mit einfachem *i* muss man sich merken:	*Tiger, es gibt, Familie, Termin, Klima, Medizin, Musik, Igel, Primel, Krise, Kamin, Biber …*

Homophone

Besonders bei lang gesprochenem ***i*** gibt es eine Reihe von gleich klingenden Wörtern (Homophonen) mit unterschiedlichen Schreibungen und Bedeutungen:

einfaches *i* in:	*ie* in:
*wi**d**er(sprechen)*	*wie**d**er(holen)*
*(Augen-)Li**d***	*(Volks-)Lie**d***
*(Schreib-)Sti**l***	*(Besen-)Stie**l***
*(Bleistift-)Mi**n**e*	*Mie**n**e(nspiel)*
*Fi**b**er(glas)*	*Fie**b**er(thermometer)*

Die **Vokalverdopplung** gibt es nur als *aa, ee* und *oo.* Die Anzahl der Wörter mit Doppelvokal ist nicht besonders groß. Hier die häufigsten:

Doppelvokale	Beispiele
aa	*Saat, Paar, Saal* (aber: *Mehrzahl Säle*), *Aal, Waage, Haar, Staat, Aas*
ee	*Beet, Seele, Gelee, leer, Tee, See, Idee, Meer, Kaffee, Beere*
oo	*Boot* (aber: *Bötchen*), *Moor, Moos, Zoo*

Diphthonge

Auch die **Diphthonge** (Zwielaute) ***ai***, ***ei***, ***äu*** und ***eu*** gelten als lang gesprochen.

ai oder **ei**?
Leider gibt es keine Regel dafür, wann man *ai* oder *ei* schreiben muss, aber zum Glück gibt es nur wenige Wörter mit *ai*, die man sich schnell einprägen kann. Hier die wichtigsten: *(Brot-)L**ai**b, (Fisch-)L**ai**ch, K**ai**(mauer), K**ai**ser, L**ai**e, M**ai**n, W**ai**se(nkind), (Gitarren-)S**ai**te, M**ai**s, M**ai**, H**ai**, H**ai**n, W**ai**d* (Jagd), *R**ai**n*

Alle anderen Wörter werden mit ***ei*** geschrieben, z. B.: *l**ei**den, b**ei**de, H**ei**de, r**ei**ch, L**ei**ter, verm**ei**den*

äu oder **eu**?
Man schreibt ein Wort mit *äu*, wenn es sich von einem Wort oder einem Wortstamm mit *au* ableiten lässt (Stammprinzip!). Beispiele:

*B**äu**me ← B**au**m*	*F**äu**lnis ← f**au**l*
*Geb**äu**de ← b**au**en*	*Ger**äu**sch ← r**au**schen*
*H**äu**te ← H**au**t*	*l**äu**ten ← L**au**t*
*s**äu**bern ← s**au**ber*	*Gr**äu**el ← gr**au***
*sich schn**äu**zen ← Schn**au**ze …*	

Wenige Wörter mit *äu* lassen sich nicht ableiten. Man muss sie sich einprägen. Hier die wichtigsten: *sich str**äu**ben, Kn**äu**el, S**äu**le, sich r**äu**spern, R**äu**de*

Alle anderen Wörter schreibt man mit eu, z. B.: *h**eu**te, T**eu**fel, Sch**eu**ne, L**eu**te, St**eu**er, B**eu**te, R**eu**e, bed**eu**ten …*

ä oder **e**?
Man schreibt ein Wort mit *ä*, wenn man es von einem Wort oder Wortstamm mit *a* ableiten kann (Stammprinzip!), z. B.:

*Kr**ä**nkung ← kr**a**nk*	*bes**ä**nftigen ← s**a**nft*
*St**ä**ngel ← St**a**nge*	*St**ä**rke ← st**a**rk*
*beh**ä**nde ← H**a**nd*	*B**ä**ndel ← B**a**nd*
*W**ä**lder ← W**a**ld*	*bel**ä**mmert ← L**a**mm*

Achtung: *alt*, aber *Eltern*

Das Wort *aufwändig* dürfen Sie übrigens auch *aufwendig* schreiben, da man es sowohl von *Aufwand* als auch von *aufwenden* ableiten kann.

Schreibung bestimmter Konsonantengruppen

s-Laute

Die s-Laute sind ein schwieriges Kapitel, das sich aber in eine Kurzversion „für den Hausgebrauch" bringen lässt, die zwar nicht alle Einzelfälle abdeckt, dafür aber leicht zu merken ist:

- **Stimmhaftes (weiches, gesummtes) *s*** taucht nur am Wortanfang oder am Silbenanfang auf und wird immer als einfaches **s** geschrieben: *sauber, Susanne, lesen, Amsel, Linse, niesen*
- **Stimmloses (gezischtes, scharf gesprochenes) *s*** gibt es als einfaches s am Wortende, unmittelbar nach Konsonanten und vor *p* und *t*: *Mais, bis, heraus; Erbse, plumpsen, (des) Vaters; Rispe, Knospe, Ast, lustig*

Achtung: *s* vor *p* oder *t* am Silbenanfang wird oft wie *sch* gesprochen: *Sturm, anständig; Spitze, spülen*

- **Stimmloses *s*** schreibt man als **ss** nach kurz gesprochenem Vokal: *Wasser, Fluss, er isst*
- **Stimmloses *s*** schreibt man als **ß** nach lang gesprochenem Vokal, nach Umlauten (ä, ö, ü) und nach Diphthongen (ei, au, eu, äu): *fließen, stoßen, Spaß; mäßig, Stöße, Füße; reißen, außen, Preußen, Sträuße, genießen*

Einige **Abweichungen** in der Übersicht:

Fremdwörter auf ***-ismus***:	*Fanat**ismus*** *Real**ismus*** *Rheumat**ismus***
Wörter auf ***-nis***:	*Zeug**nis**, (Zeug**nisse**)* *Geheim**nis**, (Geheim**nisse**)* *Finster**nis***
Wörter auf ***-us***:	*Glob**us**, (Globen, -b**usse**)* *Krok**us**, (Krok**usse**)* *Zirk**us**, (Zirk**usse**)* *Kakt**us**, (Kakt**een**)*
Weitere Wörter:	*Atl**as**, (Atl**anten**, Atl**asse**)* *Kürb**is**, (Kürbi**sse**)* *B**us**, (B**usse**)*

Wenn man nicht genau weiß, ob die Form eines Verbs mit ***s***, ***ss*** oder ***ß*** geschrieben wird, hilft es, den Infinitiv zu ergründen. Denken Sie an das Stammprinzip:

- Enthält der Infinitiv ein stimmhaftes *s*, werden alle Formen des Verbs, aber auch von diesem Wort abgeleitete Wörter mit einfachem *s* geschrieben:
  lesen → er liest → er las → lies!
  blasen → er bläst → er blies → die Blasmusik
- Schreibt man die Grundform mit *ss*, haben auch die meisten anderen Formen *ss:*
  fressen → er frisst → gefressen → die Fresserei
  Wechselt der kurze Vokal allerdings in einen langen Vokal, so schreiben wir *ß:*
  fressen → er fraß → gefräßig → der Fraß
  Einfaches *s* kommt bei diesen Wörtern **nie** vor!
- Ähnliches gilt für Grundformen mit *ß:*
  reißen → er reißt → reiß ab! → der Reißwolf
  Bei einem Wechsel des Stammvokals in einen kurzen Vokal schreiben wir *ss:*
  reißen → er riss → gerissen → die Gerissenheit
  Auch hier gibt es **nie** ein einfaches *s*!

das und *dass*

Jedes *das*, das sich durch *dieses, jenes,* oder *welches* ersetzen lässt, wird mit einfachem *s* geschrieben: ***Das*** *Auto,* ***das*** *dort parkt, ist meins.* ***Das*** *gehört mir.*

das	Wortart	ersetzbar durch
Das *Auto,*	*bestimmter Artikel*	***jenes, dieses*** *Auto*
das *dort parkt,*	*Relativpronomen, Relativsatz*	***welches*** *dort parkt*
das *gehört mir.*	*Demonstrativpronomen*	***dieses*** *gehört mir*

Wenn eine solche Ersatzprobe nicht möglich ist, weil der Satz dann keinen Sinn mehr ergibt, handelt es sich mit Sicherheit um die Konjunktion *dass*, die immer mit *ss* geschrieben werden muss: *Ich weiß,* ***dass*** *es schon spät ist.* ***Dass*** *das so richtig ist, leuchtet mir ein.*

Die Groß- und Kleinschreibung

Satzanfänge schreibt man groß

Das **erste Wort eines Satzes** – auch eines Kurzsatzes – schreibt man mit großem Anfangsbuchstaben: *Vorgestern hatte ich einen Unfall. Hast du das gewusst? Halt! Warte!*

Dies gilt auch für das **erste Wort einer wörtlichen Rede:** *„Glaubst du das wirklich?“ „Natürlich!“*

Auch das **erste Wort einer Überschrift** wird großgeschrieben: *Erneuter Wohnhausbrand* (Schlagzeile) *Die Akte* (Romantitel)

Substantive schreibt man groß

Substantive (Nomen, Hauptwörter) sind Wörter, denen man einen Begleiter voranstellen kann: *ein Haus, der Lärm, kein Licht, ein Schmerz, alle Kinder, viele Freunde, manche Hoffnung …*

Begleiter des Substantivs können sein:
- die Artikel *der, die, das* und *ein, eine*
- der verneinende Artikel *kein, keine*
- die Possessivpronomen *mein, dein, sein …*
- die Demonstrativpronomen *dieser, jener …*
- bestimmte und unbestimmte Zahlwörter, z. B. *zwei, hundert, viele, alle, solche, etwas …*
- die Fragepronomen *welcher, welche, welches*

Achtung: Manchmal stehen zwischen dem Begleiter und dem Substantiv noch andere Wörter: *Im Hafen lag **ein** großer italienischer **Frachter**.* Entscheidend ist, dass *ein* als Begleiter zu dem Substantiv *Frachter* gehört → Großschreibung.

Manchmal fehlt der Begleiter: *Es folgt **Wagen** auf **Wagen** in geringem **Abstand**.* Hier kann man den Begleiter aber leicht ergänzen: *Es folgt **ein Wagen** auf **einen** anderen **Wagen** in **einem** geringen **Abstand**.*

Achtung: Manchmal verschmilzt der Artikel mit einer Präposition und ist ein bisschen versteckt: ***am** = an dem, **ans** = an das, **aufs** = auf das, **beim** = bei dem, **fürs** = für das, **im** = in dem, **unters** = unter das, **vorm** = vor dem, **vors** = vor das, **zur** = zu der …: zur Arbeit gehen, vors Fenster legen, im Ernst*

Aber: Das Wort *am* beim Superlativ ist keine Verschmelzung aus Präposition und Artikel → Kleinschreibung: *Du bist **am** größten, schönsten …*

Viele Substantive erkennt man schon an ihrer **Endung: -heit, -keit, -schaft, -nis, -sal, -ung, tum, -ling.** *Krankheit, Vaterschaft, Versäumnis, Feigling …*

Auch Substantive aus anderen Sprachen werden großgeschrieben, auch wenn sie in der Fremdsprache kleingeschrieben werden: *der Deal, die Software, das Malheur, die Spaghetti, die E-Mail …*

Stolperfallen bei einzelnen Wörtern

Schuld, Recht, Unrecht, Leid, Gram, Angst, Bange

Diese Substantive verlieren die Eigenschaften eines Substantivs, wenn sie mit *sein, werden* oder *bleiben* verbunden sind; dann schreibt man sie klein.

groß	klein
Er hat Schuld …	*Er ist schuld …*
Du hast kein Recht …	*Es ist nicht recht …*
Wir hatten Angst …	*Mir wird angst …*
Nur keine Bange …	*…und bange, …*
Geteiltes Leid ist halbes Leid.	*Ich bin es leid …*
Du hast mir ein Leid angetan.	*Es tut mir leid …*
Aus Gram erkrankte ich und …	*Bleib mir nicht gram.*

Die Wörter ***Recht*** und ***Unrecht*** können groß- oder kleingeschrieben werden, wenn sie in Verbindung mit *behalten, bekommen, geben, haben, tun* verwendet werden: *Du hast recht/Recht behalten. Tu ihm nicht unrecht/Unrecht.*

Achtung: *Recht sprechen, zu Recht bestraft werden …*

Laut, Dank, Trotz, Zeit, Kraft

Diese Substantive können auch als Präpositionen (Verhältniswörter) verwendet werden; dann schreibt man sie klein.

Man hört keinen Laut.	*laut Urteil nicht schuldig*
Ich schulde dir Dank.	*dank deiner Hilfe*
Nimm dir Zeit.	*zeit seines Lebens*
allen zum Trotz	*trotz des nassen Wetters*
mit aller Kraft	*kraft seines Amtes*

Andere Wörter, die mal groß-, mal kleingeschrieben werden:

Mal und mal: *das erste/zweite/nächste/letzte Mal, ein anderes Mal, zum letzten Mal, tausende/viele Male.* **Aber:** *einmal, zweimal, 1-mal, 2-mal, x-mal, diesmal, keinmal, vielmal(s), allemal, ein paarmal*

Paar und paar: *ein Paar Schuhe, ein schönes Paar, Paare bilden.* **Aber:** *ein **paar** (einige) Äpfel, ein **paar** hundert/Hundert Menschen*

Acht und acht: *die Acht, habt Acht, in Acht und Bann, außer Acht lassen, der Achtjährige.*
Aber: *acht Kinder, Kapitel acht, achtjährig/8-jährig, acht zwanzig (€ 8,20)*

Eigen und eigen: *sein Eigen(tum), sein Eigen nennen, sich zu Eigen machen.* **Aber:** *das ist ihm eigen, sein eigen Fleisch …, mein eigener Sohn*

Die Schreibung der Tageszeiten

- Tageszeiten nach den Adverbien (Umstandswörtern) *gestern, heute* und *morgen* werden großgeschrieben: *gestern Abend, heute Nachmittag, morgen Mittag, morgen Früh/früh …*
- Zusammen mit einem Begleiter schreibt man Wochentage und Tageszeiten groß und zusammen: *eines Sonntagmorgens, am Montagmittag, Dienstagnachmittag …*
- Die Adverbien *morgens, mittags, abends, nachmittags, nachts* werden kleingeschrieben. Werden sie durch einen Wochentag erweitert gibt es zwei Möglichkeiten:
  donnerstagabends oder *donnerstags abends.*

Die Anredepronomen *du, ihr* und *Sie*

Die **Anredepronomen** der zweiten Person ***du/deiner/dir/dich*** und ***ihr/euer/euch*** sowie die entsprechenden besitzanzeigenden Pronomen *dein/deine* und *euer/eure* schreibt man klein. In Briefen darf man sie aber auch großschreiben.

Das Pronomen für die höfliche Anrede, ***Sie/Ihnen***, und das entsprechende Possessivpronomen ***Ihr/Ihre*** schreibt man immer groß.

*Könnten **Sie** mir **Ihre** E-Mail-Adresse geben?*

Achtung: Unterschiedliche Schreibung kann zu einem Bedeutungsunterschied führen:
Vielleicht hat Ihre Sekretärin bei der Bearbeitung Ihrer/ihrer Termine nicht bemerkt, dass …
Bei ***Ihrer*** handelt es sich um die Termine des Briefempfängers; bei ***ihrer*** sind es die Termine der Sekretärin.

Namen für Personen, Straßen, Organisationen …

- Namen für Personen und Berufstitel sind Substantive → Großschreibung, z. B.: *Susanne Mutschler, Doktor/Dr. Ewald Häußer.* Bei mehrteiligen Personennamen schreibt man die Substantivanteile groß, z. B.: *Felicitas von Lovenberg*
- Bei Personen der Zeitgeschichte und Amtsinhabern: *Karl der Große, der Heilige Vater, der Regierende Bürgermeister von Berlin*
- Straßennamen: *Domstraße, Adenauerufer*
  Ist innerhalb eines Straßennamens an einen Städtenamen eine Fallendung angehängt, schreibt man getrennt und groß: *Kölner Landstraße, Hallesches Tor, Bergischer Ring*
  Bei mehrteiligen Straßennamen schreibt man das erste Wort groß, ebenso weitere Wörter, ausgenommen Artikel und Präpositionen: *An der Großen Freiheit, Unter den Linden, Weg hinter der Mauer*
- Fachsprachliche Ausdrücke: *Schwarze Witwe, Rote/Gelbe Karte, Kleine Anfrage* (**aber**: *eiserne Lunge, grauer Star, das neue Jahr*) … Das *schwarze/Schwarze Brett* und der *weiße/Weiße Tod* (Lawinentod) können Sie groß- oder kleinschreiben.
- Besondere Kalendertage: *der Heilige Abend, der Erste Mai, Neujahr …*
- Geografische Begriffe: *der Schwarze Kontinent, der Ferne/Nahe Osten, die Europäische Union, der Große Belt …*
- Organisationen: *die Vereinten Nationen, der Weiße Ring, das Rote Kreuz …*
- Historische Ereignisse: *der Westfälische Frieden, die Französische Revolution …*

Substantivierung anderer Wortarten

Verben als Substantive

Zweifellos enthält der folgende Satz zwei Substantive: *Ich liebe das Leben.* Dasselbe gilt für diesen Satz: *Ich liebe das Schwimmen.* Dem Verb *schwimmen* ist der Begleiter *das* beigegeben worden, der es zum Substantiv macht → Großschreibung.

Für substantivierte Verben gelten die gleichen Regeln wie für andere Substantive auch:
- Sie können dekliniert (gebeugt) werden: *Das Schwimmen macht Spaß. Die Vorteile des Schwimmens … Wir geben dem Schwimmen …*
- Sie können ein Adjektiv bei sich haben: *Das tägliche Schwimmen ist wichtig.*
- Sie können auch andere Begleiter haben: *Vorm (= Vor dem) Schwimmen duschen! Unser Schwimmen fällt heute aus. Alles Schwimmen war zwecklos.*

Andere Wortarten als Substantive

Auch andere Wortarten können zu Substantiven werden, wenn man ihnen einen Begleiter beigibt.
- **Adjektive** *Das Schöne an dem Buch ist die Handlung. Es hat sich zum Guten gewendet. Dieses Blau steht Susanne sehr gut. Wir sind uns im Großen und Ganzen und im Allgemeinen einig.*
  Tipp: Fehlende Artikel kann man ergänzen: *Richtiges und Falsches tun* (das Richtige und das Falsche). Manchmal fehlen auch die Deklinationsendungen: *Es trafen sich Arm und Reich* (die Armen und die Reichen); *ein Fest für Jung und Alt* (für die Jungen und die Alten). *Die Ampel schaltete auf Grün. Er liebt Blond. Wir liefern die Ware nur in Schwarz. …*
- **Partizipien:** *Vorhergesagtes, die Badenden …*
- **Adverbien:** *Wir leben im Hier und Jetzt. …*
- **Konjunktionen:** *Es gibt nur ein Entweder-oder. Jetzt kommt das Aber. …*
- **Zahlwörter:** *Er hat eine Zwei geschrieben. …*
- **Präpositionen:** *Wir erörtern das Für und Wider. …*
- **Pronomen:** *Er wollte ihr das Du anbieten …*

Merkwörter
Folgende Wendungen schreibt man immer klein: *von fern, von nah und fern, in bar zahlen, durch dick und dünn, über kurz oder lang, von klein auf, etwas für wahr/falsch … halten, für dumm … verkaufen, schwarz auf weiß, grau in grau*

Folgende Wendungen darf man groß- oder kleinschreiben: *von nahem/Nahem, von neuem/Neuem, von weitem/Weitem, bis auf weiteres/Weiteres, ohne weiteres/Weiteres, seit langem/Langem, binnen kurzem/Kurzem*

Rechtschreibung und Zeichensetzung auf einen Blick Deutsch

von Klaus Röhe

Internet: www.pons.de • E-Mail: info@pons.de
Redaktion: Angelique Slaats, Corinna Löckle-Götz
Layout: BUERO CAÏRO, Stuttgart
Satz: Satzkasten – Dollenbacher & Müller, Stuttgart
Druck: Achilles, Celle
Gemäß der Rechtschreibreform 2006
ISBN-10: 3-12-**561234**-9
ISBN-13: 978-3-12-**561234**-1
9 783125 612341

PONS Auf einen Blick
DEUTSCH
Rechtschreibung und Zeichensetzung